AF245236

ESSAI

D'ÉCONOMIE PUBLIQUE RATIONNELLE ET PRATIQUE

LE CAPITAL

L'ÉPARGNE ET L'IMPOT

PAR

A. DUPONCHEL

PARIS

CAMUT, LIBRAIRE-ÉDITEUR

7, QUAI VOLTAIRE, 7

1894

———

LE CAPITAL
L'ÉPARGNE ET L'IMPOT

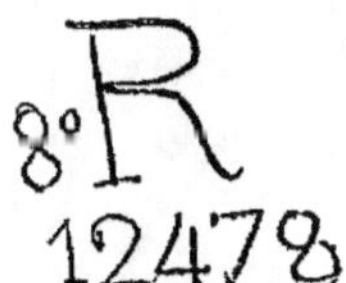

ESSAI

D'ÉCONOMIE PUBLIQUE, RATIONNELLE ET PRATIQUE

LE CAPITAL
L'ÉPARGNE ET L'IMPOT

PAR

A. DUPONCHEL

PARIS

CAMUT, LIBRAIRE ÉDITEUR

7, QUAI VOLTAIRE, 7

1884

LE CAPITAL
L'ÉPARGNE ET L'IMPOT

Depuis cinq ans déjà, nous avons célébré le centenaire de notre Révolution, sans avoir encore résolu un seul des problèmes qu'elle avait posés à ses débuts.

La France « désossée » de Talleyrand n'a pas retrouvé sa charpente intérieure, ces vivaces institutions sociales qui la soutenaient autrefois.

Tous les gouvernements qui, sous des formes si diverses, se sont succédé chez nous depuis un siècle, se sont essayés à cette œuvre de réorganisation sociale ; aucun n'a réussi !

Tout le monde s'accorde à reconnaître aujourd'hui qu'il ne saurait plus être question de rétablir le passé. Des intérêts nouveaux réclament des institutions nouvelles ; « c'est bien vers l'avenir que nous devons porter nos regards ». Mais cet avenir est toujours bien obscur.

Il faut même convenir que la situation est encore plus inextricable pour le gouvernement actuel, qui aux difficultés de la politique intérieure, toujours les mêmes, voit se joindre celles de nos relations extérieures, résultant de cet isolement international qui nous tient en haleine, nous condamnant depuis vingt-cinq ans à épuiser toutes nos ressources en hommes et en argent, en vue de cette guerre de revanche, que nous préparons toujours, à laquelle nous ne sommes jamais prêts. Ce qui est plus triste encore, plus particulier à notre temps, c'est le découragement général, le scepticisme indifférent des meilleurs esprits, qui paraissent se résigner à voir le mal ; le signalant bruyamment, l'exagérant parfois, sans jamais essayer d'indiquer le remède, comme s'il n'en comportait plus aucun.

A la tribune comme dans la presse, les critiques abondent, les solutions pratiques font toujours défaut, et quand une proposition de réforme se produit, ce n'est toujours qu'un expédient provisoire, dicté par la passion plus que par la logique et qui jamais ne se rattache à un programme d'ensemble nettement défini.

Le mot de réforme nous effraie ; par une sorte d'illogisme fatal il est devenu chez nous comme un synonyme de révolution et pour le plus grand nombre il ne paraît pas qu'il soit possible d'améliorer sans détruire, de revenir à 89 sans rouler à 93.

Le problème social est sans doute fort complexe ; sa solution d'autant plus difficile à trouver que, subordonnée à la tendance d'esprit de chacun, elle ne saurait être la même pour tous ceux qui voudraient l'étudier.

Pour mon compte, je me garderai bien d'émettre sur l'ensemble d'une question, surtout de sentiment, une opinion toute personnelle, qui resterait probablement sans écho, comme elle serait certainement sans autorité.

Il est pourtant quelques points, ceux qui touchent plus particulièrement aux intérêts matériels, où cette question se trouvant plus nettement précisée, il me paraîtrait relativement facile d'arriver à des conclusions formelles et moins contestables.

C'est à ce cas particulier que j'entends restreindre la portée de ce court opuscule, dans lequel je me bornerai à exposer, tels que je les comprends, les principes d'économie publique qui dans nos sociétés modernes devraient régler le développement de la richesse et son équitable répartition entre tous les intéressés, à raison de leurs besoins, de leur travail et de leurs droits acquis.

Si, parmi les figures admises en pareil cas, je voulais en choisir une pour définir plus particulièrement mon œuvre, je n'aurais pas l'outrecuidante prétention de la présenter comme un projet de reconstruction de l'édifice social sur des bases monumentales, mais en des termes de comparaison plus modestes, comme une simple indication des procédés de culture pratique par lesquels il me paraîtrait qu'on pourrait essayer de mettre en valeur le sol si profondément défoncé par la charrue niveleuse de 93, en le débarrassant avant tout des herbes parasites, ronces et chiendents qui l'ont envahi de toutes parts et plus que jamais menacent d'étouffer le bon grain.

I. — DÉFINITION ET CARACTÈRES DISTINCTIFS DU CAPITAL ET DE LA MONNAIE.

Bien que parmi les diverses sciences dont l'ensemble constitue la sociologie, l'économie politique soit celle qui ait la prétention de reposer sur les bases matérielles les plus positives, elle est loin d'être sortie de cette phase des sciences augurales, où l'inflexibilité de la forme traditionnelle a surtout pour but de cacher l'inanité du fonds.

Si elle n'a abouti jusqu'ici à aucune règle fixe, si sur les questions de détail en apparence les plus simples, les économistes de nos jours sont le plus souvent en désaccord, on devrait, je crois, attribuer ce défaut d'entente à l'ambiguité et à la trop grande profusion des termes techniques, dont ils ont l'habitude de se servir, en voulant donner à chacun d'eux une acception trop distincte.

Les mots n'ont sans doute d'autre signification que celle qu'on convient de leur donner, mais encore faut-il que cette convention soit la même pour tous ; et ce n'est pas toujours le cas des définitions économiques, dont les unes s'appliquent souvent à deux choses différentes et parfois même n'ont pas de signification précise. Je me bornerai, par exemple, à citer le mot de CAPITAL, auquel on est en général convenu de donner une signification restreinte, qui n'a rien de précis, ni d'uniforme, les uns confondant le *capital* avec *l'épargne* ; les autres avec la *monnaie*.

Pas plus pour les sciences morales et politiques que pour les sciences mathématiques on ne peut raisonner sur des à peu près, et les déductions les plus logiques en apparence conduisent aux résultats les plus faux, si elles portent sur des mots répondant tour à tour à des objets différents.

Je m'imposerai donc pour règle, dans les courts développements qui vont suivre, de préciser nettement le sens de mes définitions et de m'y conformer rigoureusement dans toutes les déductions que j'en pourrai tirer.

Pour ne pas avoir à m'égarer dans des distinctions trop subtiles, qui ne peuvent qu'amener la confusion, j'éviterai en outre de multiplier sans nécessité les termes techniques ; conservant au petit nombre de ceux que j'emploierai, leur signification la plus étendue. C'est ainsi que j'appellerai plus particulièrement Capital et parfois indirectement fortune ou richesse, non plus seulement comme le font les économistes, soit « tel instrument de travail », ou « telle partie plutôt que telle autre des valeurs échangeables », mais bien toute chose ou tout titre représentatif d'une chose ayant une valeur intrinsèque appréciable, pouvant être exprimée en fonction de l'unité monétaire, de l'étalon métallique [1] conventionnel ; étant par sa nature, ou devenant par sa destination susceptible de propriété nominale et personnelle.

Le capital, avec cette acception la plus large qu'on puisse lui donner, peut changer de forme et de nature, et un simple qualificatif suffira d'ordinaire pour indiquer cette diversité d'état. Ainsi nous pourrons considérer le capital sous sa forme maté-

---

[1] En fait, nous avons, ou paraissons avoir deux étalons monétaires distincts, ce qui est un non-sens. En principe, il faudra bien, tôt ou tard, se décider à le reconnaître et n'admettre qu'un seul étalon, l'or ; l'argent devenant marchandise et ne figurant dans les transactions que pour sa valeur intrinsèque, sauf très exceptionnellement comme monnaie d'appoint avec une valeur conventionnelle, au même titre que le billon.

rielle ou sous la forme fiducière d'un titre représentatif ; nous pourrons distinguer des capitaux mobiliers ou immobiliers ; des capitaux de production ou de consommation, etc.

Parmi toutes les formes que peut prendre le capital, je n'en distinguerai expressément qu'une seule, par un nom spécial, ce sera la Monnaie[1], signe représentatif, légalement transmissible, avec cours obligatoire pour tous, d'un capital de valeur supérieure, engagé en nantissement par son propriétaire dans un établissement spécial d'émission institué à cet effet, fonctionnant sous le contrôle et avec la garantie de l'Etat.

La monnaie ainsi comprise ne porte pas nécessairement avec elle sa valeur intrinsèque comme le numéraire métallique, elle n'est pas davantage un titre fiduciaire, simplement garanti par l'Etat comme le papier monnaie ; elle est en principe la représentation *anominale* et *mobile* d'un capital réel que son propriétaire *nominal* a engagé et *immobilisé* dans un bureau spécial d'émission fonctionnant sous le contrôle de l'Etat, autorisé par lui à remettre au déposant une quantité de monnaie légale proportionnée à la valeur du capital engagé.

Défini comme je viens de le dire, le terme générique de capital s'applique également à sa forme matérielle, telle que la terre, la maison, l'immeuble constituant par leur nature une valeur tangible, éminemment susceptible de propriété nominale, et aux différents titres représentatifs, n'ayant qu'une valeur fiduciaire, tels que l'action ou l'obligation d'un chemin de fer ou autre établissement industriel, représentant une part de propriété collective individualisée au profit du détenteur du titre ; — l'obligation consentie par un propriétaire constituant en faveur d'un tiers une délégation d'une part équivalente de son capital ; — le titre de rente publique, enfin, nationale, départementale ou communale, représentant une part du domaine particulier de l'Etat ou

---

[1] J'emprunte cette définition logique de la monnaie à M. Marqfoy ; auquel doit en revenir tout le mérite.

de toute autre communauté, couverte en cas d'insuffisance de ce gage, par l'ensemble des capitaux privés appartenant aux membres de la communauté.

La monnaie elle-même est un capital, mais ce qui la distingue essentiellement des autres capitaux fiduciaires, c'est de ne conserver aucun signe du capital nominal qu'elle représente en fait; de ne devoir sa valeur qu'à la garantie légale de l'existence de ce capital; d'être par sa nature essentiellement anominale, mobile et librement transmissible.

Le capital étant nécessairement limité à l'objet matériel qui constitué sa valeur effective, son titre représentatif ne saurait faire double emploi avec lui.

En principe, il est donc bien évident que, dans un inventaire régulier, le capital individuel ne devra s'entendre que de l'actif net; de la valeur des capitaux appartenant au détenteur, déduction faite des titres fiduciaires par lesquels il aurait transmis à des tiers les avantages effectifs d'une partie de ces capitaux. C'est ainsi qu'on devrait opérer, par exemple, lorsqu'on veut établir, en cas de décès du titulaire, le chiffre de l'impôt qu'on a à prélever sur le montant de sa succession.

En fait, toutefois, dans les conditions les plus ordinaires de la vie, on pourrait laisser au titulaire la propriété apparente de son capita' avec les charges d'impôt qui en résulteraient, sauf à lui de régler en conséquence ses engagements envers son créancier.

C'est là une question de détail qu'on pourrait plus nettement préciser que je ne le fais ici. Le point essentiel que je tiens à bien établir comme base primordiale d'une organisation économique rationnelle, c'est que, par opposition avec la monnaie, qui restera de sa nature *anominale*, le capital dans son ensemble le plus général, tant sous sa forme matérielle et réelle que sous sa forme représentative et fiduciaire, devra être rigoureusement individualisé sous la forme d'une propriété essentiellement *nominale*.

De même que dans le droit du moyen âge il était formellement convenu que toute terre devait avoir son seigneur ; de même dans notre droit moderne il devrait être spécifié que tout capital mobilisé ou immobilisé, quelle qu'en soit la nature, doit avoir son possesseur nominalement désigné, accrédité et reconnu comme tel par acte authentique, à l'exclusion absolue de tout titre ou valeur au porteur, autre que la monnaie légale.

La suppression complète et définitive de tous les titres au porteur, qui encombrent aujourd'hui le marché financier, ne serait pas seulement nécessaire pour compléter le cadastre effectif de la fortune privée ; elle aurait aussi pour résultat de faire cesser la concurrence déloyale que ces titres au porteur, par leur trop facile mobilisation, pourraient créer à la monnaie légale, seule valeur ayant le privilège de circuler en restant anominale, à la charge de payer à l'Etat la prime régulière d'émission dont nous parlerons tout à l'heure.

II. — Émission de la Monnaie.

Pendant fort longtemps, les peuples civilisés n'eurent et ne pouvaient avoir d'autre monnaie légale et reconnue que la monnaie métallique portant avec elle sa valeur intrinsèque. Il n'y a pas très longtemps, nous ne connaissions guère comme monnaie courante que l'argent ; l'or se dérobant à cause de sa rareté n'a commencé à devenir usuel qu'après la découverte des mines de la Californie.

Depuis trente à quarante ans, le billet de banque s'est substitué en fait comme monnaie véritablement usuelle aux deux métaux qui ne servent plus guère que d'appoint dans les transactions, refoulés pour la majeure partie dans les caves de la Banque de France, où ils restent à l'état de simple dépôt de garantie.

Dans sa destination première, le billet de banque, le signe représentatif monétaire du capital mobilisé, ne devait servir qu'à faciliter l'escompte des effets de commerce et n'était naturellement garanti que par un capital métallique en réserve, de valeur très inférieure au chiffre d'émission. Il constituait en fait une valeur fiduciaire de crédit reposant sur l'appréciation plus ou moins rigoureuse des marchandises et valeurs de commerce que le négociant engageait moralement pour obtenir une monnaie transmissible, à un taux d'intérêt indéterminé qui, suivant des fluctuations excessives, n'a pas varié de moins de 2 à 10 % depuis 25 ans.

Par une extension relativement récente du privilège de la Banque de France, les rentiers et les détenteurs de certaines valeurs de portefeuille de facile négociation sur le marché de la bourse, ont été admis à profiter des avantages primitivement réservés au commerce et peuvent se faire délivrer de la monnaie transmissible, contre dépôt de leurs titres à un taux d'intérêt qui dépasse habituellement de 1 % celui qui est admis pour le commerce.

Quant au propriétaire-foncier, celui dont le capital représente en fait la valeur la plus certaine, la moins exposée à des détériorations, ou moins-values accidentelles, tout moyen lui manque de se procurer directement la monnaie. S'il veut en obtenir sans se dessaisir définitivement d'une portion de son capital immobilier, force lui est de s'adresser à des intermédiaires particuliers ou établissements de crédit spéciaux, tels que le Crédit Foncier, qui lui vendent la monnaie, le signe représentatif du capital foncier qu'il leur a engagé par hypothèque, à un taux nécessairement supérieur à celui de la Banque, à laquelle ces intermédiaires doivent toujours, en fin de compte, s'adresser pour en pouvoir disposer.

Il y a évidemment là une anomalie qu'il paraîtrait facile de faire cesser. Il suffirait d'autoriser la Banque à prêter directement aux propriétaires sur première hypothèque, à un taux modéré, pour que cet établissement attirât à lui toute la dette hypothécaire, réalisant en fait d'énormes bénéfices au grand avantage des propriétaires. Mais le gouvernement ne saurait, par une nouvelle extension du privilége de la Banque, se dessaisir sans restriction en faveur d'un simple établissement de crédit, du droit de battre indéfiniment monnaie à son profit.

L'émission de la monnaie constitue en effet un droit essentiellement régalien que l'Etat a toujours exercé à son bénéfice, qu'il doit continuer à se réserver en principe, sans que rien toutefois l'oblige à le faire directement par lui-même. Il serait même très regrettable qu'il le fît, car le public pourrait être exposé à établir une confusion fâcheuse entre la monnaie légale, telle que je l'ai définie, reposant sur un gage matériel déterminé, et le papier-monnaie de pure convention, que les Etats obérés et à bout de ressources, ont souvent émis, sans autre garantie que celle du crédit qui précisément leur faisait défaut.

Il faut que le rôle de l'Etat en cette circonstance ne puisse donner lieu à aucune suspicion ; qu'il soit bien établi que le gage représenté par la monnaie émise en son nom, n'est pas un simple engagement moral de sa part, mais un nantissement réel de valeurs matérielles appartenant à des particuliers. Il y aurait donc avantage et convenance à ce que l'Etat renonçant à une intervention trop·immédiate, déléguât la fonction d'émettre la monnaie à une administration distincte qui aurait une sorte d'autonomie indépendante.

Sous ce rapport, la Banque de France par la haute position qu'elle a su prendre en tête de nos institutions de crédit, par la confiance méritée qu'elle impose, par la valeur éprouvée du personnel dont elle dispose, paraîtrait nettement désignée pour être appelée à exercer, avec toute la généralité qu'il comporte, ce droit d'émission de la monnaie légale, dont elle se trouve déjà en quelque sorte investie de fait, en vertu de son privilège actuel.

Cette transaction entre le principe théorique et le fait pratique n'aurait pas seulement pour effet de ménager les droits acquis et respectables d'un établissement qui a déjà rendu de grands services au pays ; elle aurait en outre pour résultat de vulgariser

plus aisément la monnaie nouvelle, de calmer les méfiances in-
stinctives du public, en lui garantissant un contrôle efficace sur
le jeu d'une institution qui, fonctionnant au nom et, en fait, au
profit de l'Etat, ne se trouverait cependant pas sous sa dépen-
dance absolue.

Dans son organisation nouvelle, si les idées que je viens d'exposer étaient admises, la Banque de France aurait un double
rôle à remplir. En vertu de son privilège primitif, elle continuerait, à ses périls et risques et à son entier profit, à escompter
les effets de commerce, sous la garantie spéciale de son capital
de réserve. Elle fonctionnerait en outre comme banque d'Etat,
commissionnée à l'effet d'émettre la monnaie publique, de délivrer aux capitalistes qui en auront fait la demande un signe
représentatif et légalement transmissible des capitaux mobiliers
ou immobiliers qui auraient été admis régulièrement en dépôt.à
cet effet.

Póur la première partie de ces opérations, la Banque percevrait comme elle le fait aujourd'hui le taux d'intérêt des effets
de commerce qu'elle aurait escomptés. Pour la seconde, elle
prélèverait une simple commission déterminée sur la prime
d'émission des avances de monnaie qu'elle aurait pu faire aux
propriétaires fonciers. Ce taux d'intérêt fixé par l'Etat n'aurait
rien d'absolument fixe. Il pourrait varier, toutefois dans des
limites assez étroites, et serait relativement minime. On pourrait, au début tout au moins, le fixer à 2 1/2 %, dont 1/2 %
pour la commission de la Banque, le surplus, soit 2 % rentrant
dans les caisses de l'Etat, à titre d'impôt parfaitement justifié
du reste.

En effet, dans une Société bien ordonnée, l'impôt le plus
équitable est celui qui représente pour celui qui le paye, la
rémunération d'un service rendu par l'État; et pour le propriétaire-foncier qui de prime abord serait appelé à payer la
majeure part de la taxe d'émission de la monnaie, nul doute
que cet impôt ne fût essentiellement populaire, puisque, entre

autres avantages, il aurait celui.de réduire de près de moitié le taux de l'intérêt qu'il paye actuellement pour ses dettes hypothécaires.

Quant à l'État, il percevrait de ce fait un impôt spécial pouvant s'élever à 200 millions, net de tout frais, qui lui permettrait de supprimer ou de diminuer dans une large mesure d'autres impôts existants, notamment l'impôt sur les ventes immobilières, qui ne rapporte que 158 millions et qui, plus que tout autre, contribue à paralyser le développement de la fortune publique par la gêne qu'il apporte à la liberté des transactions.

Les seuls intérêts lésés en cette circonstance seraient ceux des banquiers et autres manieurs d'argent, intermédiaires parasites, dont la suppression ne devrait pas laisser beaucoup plus de regrets que n'en a suscités celle des maîtres de poste et des entrepreneurs de roulage supprimés par les chemins de fer.

En même temps qu'elle verrait s'accroître ses bénéfices matériels, très restreints dans ces dernières années, la Banque de France retirerait des nouvelles fonctions qui lui seraient dévolues un surcroît de prestige moral que l'État n'aurait nul intérêt à amoindrir. Elle deviendrait une institution de premier ordre, ayant son existence propre et indépendante, sous le contrôle effectif d'un conseil d'administration plus important que celui qui la dirige aujourd'hui, dans lequel seraient appelés à siéger, non plus seulement des négociants et des banquiers, mais des propriétaires fonciers, de grands industriels et autres capitalistes de tout ordre.

Les rapports de la Banque et de l'État seraient naturellement régis par un règlement spécial dans le détail duquel je n'ai pas à entrer. Il me suffira d'ajouter qu'une administration nouvelle, ou plutôt un bureau distinct de nantissement, participant à la fois de l'administration des contributions directes et de celle des hypothèques, serait chargé d'assister la Banque dans ses opérations, en arrêtant, sous la responsabilité de l'État dont il relèverait, les bordereaux de dépôt, sur le vu desquels la Banque de

France aurait à faire des avances de monnaie, en compte courant, jusqu'à due concurrence d'un certain maximum proportionné à la valeur des capitaux engagés en nantissement.

III. Propriété et transmission du capital.

Le travail vivifie le capital. L'un sans l'autre, ils ne peuvent rien ; unis l'un à l'autre, en mettant en œuvre les forces naturelles, ils donnent le produit qui, ayant une valeur, est lui-même un capital nouveau, quelle que soit d'ailleurs sa nature. Le plus souvent, sans doute, le produit se présente sous forme d'objet de consommation, que chacun utilise et détruit, suivant ses appétits ou ses besoins et à proportion de ses ressources. Dans certains cas, toutefois, le produit de l'action combinée du travail et du capital se présente sous la forme d'un véritable capital producteur qui, s'adjoignant à celui qui existait déjà, accroît d'autant la fortune publique.

L'État, ayant tout intérêt à développer la production sous ses diverses formes, doit favoriser la bonne entente du travail et du capital, en leur laissant toutefois complète liberté, n'intervenant dans leurs rapports que pour empêcher que l'un soit entravé ou opprimé par l'autre.

Sous réserve des lois et règlements dans l'étude desquels je n'ai pas l'intention d'entrer ici, qui seront nécessaires pour éviter tout conflit à cet égard, j'admettrai donc que, protégés également par l'État, le travail et le capital, organisés pour produire le plus possible, sauront s'entendre, pour se partager dans une équitable proportion le fruit de leur concours, le produit ou capital nouveau qu'ils auront créé ; et que chacun pourra jouir librement de la part de ce produit qui lui reviendra, soit pour la consommer, soit pour la joindre à sa fortune privée.

La faculté pour chacun de jouir du capital qu'il a individuellement acquis par des voies honnêtes et légales, doit être illimitée, à la condition toutefois de payer un impôt naturellement progressif.

Sous cette réserve de l'impôt progressif, sur lequel je reviendrai tout à l'heure, je ne crois pas qu'il y ait lieu de fixer aucune limite au chiffre de la fortune individuelle, à titre d'usage viager. Dans la courte durée d'une vie humaine, cet accroissement de fortune ne peut prendre de proportions considérables que s'il correspond à un grand mouvement du capital disponible, et par suite à un grand effort de travail, ayant donné lieu à une augmentation sérieuse de la production à l'avantage de la société tout entière, qui en bénéficie plus ou moins directement ; mais, si la faculté de posséder la fortune individuellement acquise, doit rester entière, il ne saurait en être de même de la faculté de transmettre après soi ou de son vivant, cette fortune à des héritiers naturels ou choisis.

Les conditions de stabilité et de protection qui résultent de notre état social, donnant au capital des facilités toutes nouvelles de s'accroître indifféremment, sans risques à courir, sans travail profitable aux autres, par la simple accumulation des intérêts ou revenus composés, il est indispensable de prendre des mesures pour qu'une trop forte proportion de la fortune publique n'aille pas ainsi progressivement s'immobiliser, dans le domaine patrimonial d'un petit nombre de familles, ayant, par une sorte d'atavisme, une aptitude spéciale à l'accroître démesurément.

Aucune comparaison ne saurait être plus juste à cet égard que celle de la boule de neige. En théorie, sans doute, toute boule de neige en mouvement doit forcément grossir, et en pratique il en sera ainsi, si avec une force suffisante pour la mouvoir, on la promène isolément sur une couche de neige plane et uniforme.

Mais si au lieu d'une seule boule il y en a un nombre infini on voie de formation dans un même champ, chacun s'essayant à rouler la sienne, elles ne se développeront pas toutes également. Leur grosseur relative, dépendant surtout de l'aptitude de celui qui la conduit, deviendra bientôt très inégale ; les grosses ne tarderont pas à écraser et à s'assimiler les petites, et, si dans le nombre il en est une qui arrive à avoir des dimensions très prédominantes, elle finira par tout absorber en elle.

Ce ne sera pas faire de personnalité déplacée que de citer ici comme type un nom presque légendaire, qui revient en quelque sorte à l'esprit de chacun sur un pareil sujet, celui de la famille de Rothschild. Quel est au juste le chiffre de sa fortune actuelle ? Peu de gens le savent sans doute. J'entends communément parler de trois milliards ; mais si ce chiffre était vrai, quand je l'ai pour la première fois entendu énoncer, il doit avoir certainement doublé depuis ; et bien plus certainement encore il aura quadruplé d'ici à quinze ans ; à cet égard le passé garantit l'avenir. Du moment où il est constaté qu'une fortune patrimoniale qui ne représentait peut-être pas un million au commencement du siècle en compte plus de 3,000 aujourd'hui, s'est par suite doublée douze fois en quatre-vingt-dix ans, ce qui représente une période de doublement en sept ans et demi et un taux de capitalisation de 10 °/₀, double à peu près de celui de 5 °/₀, qui existait pour le public à pareille époque ; il est naturel d'admettre que la même proportion du double doit se continuer en faveur de cette famille. C'est donc à raison de 5 à 6 °/₀ que s'accroîtra annuellement sa fortune, tant que le taux usuel de 3 °/₀ restera ce qu'il est aujourd'hui.

Tel est le taux probable d'accroissement avec lequel continuera à progresser indéfiniment cette boule de neige prépondérante contre laquelle les autres ne sauraient lutter, qu'elle devra fatalement broyer et absorber peu à peu ; car si la composition des intérêts est incontestablement un moyen certain d'accumuler les richesses pour celui qui sait s'en servir ; il ne saurait évidemment les créer, il doit les prendre ailleurs.

Si respectable que soit le principe du droit de propriété, le scrupule ne saurait aller jusqu'à tolérer que, à très bref délai, toute la fortune publique aille s'engouffrer dans la caisse d'une seule famille ; que tout un peuple soit destiné à se transformer par la force des choses en une tourbe de clients affamés ne pouvant plus compter pour vivre que sur le gracieux bon vouloir de l'unique patron qu'il se serait donné.

C'est un peu ce qui se passait aux mauvais temps de la République romaine à son déclin ; c'est ce que nous ne saurions tolérer au début de la nôtre. Si les pouvoirs publics ne se décidaient à y pourvoir, une réaction populaire finirait par se produire, d'autant plus violente qu'elle aurait été plus longtemps différée.

Nos aïeux du moyen âge, en ce cas, recouraient à la confiscation, à la spoliation brutale. De tels procédés ne sauraient entrer dans nos mœurs. C'est par des moyens légaux, avouables, connus de tous, pratiqués au grand jour, qu'on doit arriver à poser une limite indispensable au chiffre d'accumulation d'une fortune patrimoniale quelconque, et ce moyen n'est autre que la progression toute spéciale qu'il faudrait donner à l'impôt particulier des droits de succession.

S'il est juste, équitable, je le répète, de laisser à chacun la libre faculté d'acquérir à ses risques et périls, par son travail, son industrie, ses aptitudes, une fortune, un capital si considérable qu'il puisse être et de jouir de son revenu sa vie durant, on ne saurait admettre qu'il puisse le transmettre à ses héritiers au delà d'un certain maximum déterminé. Quelle sera cette limite ? Arrêtons-la, pour fixer les idées, à un chiffre de 25 millions, qui paraît déjà bien considérable, qui permet à celui qui voudra se contenter d'en dépenser honorablement le revenu, de donner pleine satisfaction aux goûts de luxe les plus raffinés.

Pour rendre la mesure effective, il suffirait d'édicter une loi fixant le droit de succession, en ligne directe, suivant une progression normale qui, restant comme aujourd'hui de 1 % pour toute fortune inférieure à un million, augmenterait graduellement à raison de 1 % par million supplémentaire, s'élèverait par suite à 50 %, soit à moitié, pour une fortune successorale de 50 millions, chiffre auquel s'arrêterait la progression du droit, mais au delà duquel tout l'excédent, après partage des 50 millions, serait dévolu à l'Etat.

La même progression serait appliquée à l'impôt en ligne collatérale, qui restant fixé à 6 ou 7 % en dessous de un million, croîtrait progressivement de 1 % jusqu'à la limite de 44 millions, dont la moitié représenterait le maximum de la transmission d'héritage en ligne collatérale.

Cette mesure n'aurait rien de subversif, rien qui ne fût équitable, en rapport avec ce qu'exige la conservation de notre état social. Libre à ceux qui ne voudraient pas s'y soumettre de réaliser leur avoir de leur vivant, et d'aller porter ailleurs, s'ils y trouvaient une plus large hospitalité, des capitaux que nous ne saurions tolérer chez nous dans d'autres conditions de jouissance. Grâce aux dispositions ci-dessus indiquées précisément dans ce but, pour supprimer les titres au porteur et rendre toutes les valeurs nominatives, mobilières aussi bien qu'immobilières, rien ne serait plus facile que de contrôler les déclarations de succession et d'établir le chiffre net de la fortune de chacun. La monnaie courante pourrait seule essayer d'échapper à ce mode d'investigation, et encore ne pourrait-elle le faire qu'en se dérobant, en restant dès lors stérile aux mains de son détenteur qui en fait payerait l'impôt d'émission sans en profiter.

Je n'ai pas, bien entendu, de données qui me permettent de préciser exactement ce que pourrait produire un tel impôt. Pour fixer les idées, nous pouvons toutefois admettre avec assez de vraisemblance que la fortune publique en France, somme totale des fortunes privées, s'élève, à raison d'une moyenne de 4,000 francs par tête d'habitant, à un chiffre total de 160 milliards, ce qui pour une vie moyenne de 40 ans représente un chiffre de succession annuelle de 4 milliards. L'on peut avec tout autant de vraisemblance admettre que la moitié au plus de cette fortune appartient aux particuliers ayant moins d'un million de capital, qui continueraient à payer le droit sur les bases actuelles, soit à peu près 125 millions, moitié de l'impôt actuel ; le reste payerait une moyenne de 25 °/₀ sur deux milliards, soit 500 millions et plus, en tenant compte du prélèvement opéré au delà du maximum de 50 millions, qui se présentera assez fréquemment. Sur de telles bases il n'y a pas d'exagération à compter que l'augmentation des droits de succession n'irait pas à moins de 500 millions par application des mesures que je viens d'indiquer.

IV. — La Dette publique et l'Epargne.

La dette publique existe en fait chez nous. Son chiffre, tout au moins comme capital, s'accroît même chaque jour. Il serait donc puéril de songer à vouloir l'éteindre par les moyens d'amortissement proposés jusqu'ici. Le pourrait-on d'ailleurs que cette mesure me paraîtrait regrettable ! car si la Dette n'existait pas, il y aurait lieu, je crois, de l'établir, en changeant son nom et la considérant comme destinée à remplir un service public, à assurer le placement de l'épargne privée.

L'Epargne résultant d'un prélèvement sur le revenu étant par ses effets immédiats, restrictive de la consommation, a, par cela même un effet incontestablement fâcheux, puisqu'elle restreint la sphère d'action du travail, et l'on ne saurait l'encourager qu'à raison de l'avantage très supérieur qu'elle présente d'assurer au travailleur de tout état, qui a honnêtement rempli sa tâche sociale, des moyens pécuniaires de subvenir à ses besoins matériels et à ceux de sa famille, lorsque a sonné pour lui l'heure du repos. A ce double point de vue, la capitalisation de l'épargne ne devrait dans le cas le plus habituel se faire que pour une durée de temps limitée.

L'épargne ne doit pas être considérée comme constituant nécessairement un nouveau capital de production, mais bien plutôt un capital de « consommation différée ».

Prenons pour exemple celui d'un homme qui, après une vie de travail, à l'âge de 60 ans pour fixer un chiffre, désirerait se reposer et jouir en paix d'un capital de 100,000 fr. qu'il aurait amassé à cet effet. Le raisonnement le plus naturel qu'il doit avoir à se faire serait celui-ci : « J'ai devant moi 20 ans de vie probable, plutôt moins que plus ; mais je dois tabler sur le plus, admettre que je puis vivre jusqu'à 90 ans, 100 ans peut-être ; d'autre part, je ne dois pas me laisser dominer par un raisonnement d'égoïsme trop absolu. Je dois penser à mes enfants qui n'ont pas encore leur carrière assurée, que je puis avoir à aider de mon vivant, auxquels je dois même me préoccuper de laisser en outre, après moi, quelques ressources qui pourront contribuer à leur faciliter les moyens de se constituer un capital de réserve et de pourvoir à l'avenir de leur descendance, comme j'aurai pourvu à celui de la mienne. »

Dans de telles conditions notre homme agira sagement, en admettant que son capital de réserve devra servir à lui et aux siens pendant un laps de temps de 50 ans. Il ne serait ni raisonnable, ni même, je le crois, moral, en tout cas il ne serait pas pratique d'aller beaucoup au delà, de vouloir éterniser le bien-être du repos à l'infini dans une même famille. Il doit être de bonne règle, conforme à la loi naturelle et à la loi civile, que chaque génération travaille à son tour, surtout pour elle, un peu pour celle qui la suit immédiatement, sans se préoccuper outre mesure des générations hypothétiques d'un avenir très lointain.

Sur ces bases, s'il n'avait pas de meilleur moyen d'utiliser son épargne, le père de famille la déposerait dans une cachette, une caisse, plus ou moins sûre, d'où il retirerait tous les ans 2,000 fr. pour ses besoins jusqu'à extinction. Il devra donc s'estimer très heureux si, d'autres prenant le souci de faire fructifier son capital, en lui réservant une part équitable du produit, il peut placer en toute sécurité les annuités restant disponibles, à tel intérêt qu'on voudra lui offrir, si minime qu'il soit, de 5 % il y a 20 ans, de 3 % seulement aujourd'hui, de 2 % et peut-être beaucoup moins demain.

Dans ces conditions, ce n'est pas à raison d'une annuité fixe de 2,000 fr., mais d'une somme variable que lui et ses héritiers directs pourront puiser dans le trésor de réserve, à raison de 5,000 fr. pour la première année, si l'intérêt est à 3 %, de 4,940 fr. pour la 2e année, et ainsi de suite jusqu'à la 50e où l'ayant droit ne touchera que le dernier terme d'amortissement de 2,000 fr.

C'est à ce point de vue essentiellement pratique que pourrait et devrait être aménagé le service de la dette publique, comme constituant une caisse de réserve plus particulièrement affectée au placement des capitaux de la petite épargne, non plus à terme indéfini mais à terme limité; les arrérages portant avec eux, en sus de l'intérêt, un amortissement calculé, sur un terme de 50 ans environ, et c'est en vue de cette transformation, de fixer une date d'amortissement, et non de réduire indéfiniment le taux de l'intérêt, qu'on devrait songer à convertir la dette publique.

Beaucoup de gens, partageant une erreur très accréditée, sont portés à prendre pour un signe de prospérité publique l'élévation excessive du cours de la rente et la réduction des taux de l'intérêt qui en est la conséquence.

On ne doit malheureusement voir dans ce fait qu'une preuve de la stagnation absolue des affaires, de l'impossibilité où l'on se trouve, en ce moment, d'effectuer un travail utile pouvant assurer aux capitaux employés un intérêt supérieur à 3 %.

En somme, le capital réel, absolu, tel que je l'ai défini, représentant la totalité de la fortune publique en valeurs mobilières ou immobilières, devrait s'estimer, non d'après la valeur conventionnelle qu'on peut lui donner par rapport à l'étalon monétaire, mais d'après la quantité de produits similaires de consommation, qu'il peut fournir d'une année à l'autre. Ainsi compris, le capital n'augmente pas très rapidement, si tant est qu'il augmente. Il est malheureusement permis d'affirmer qu'il a plutôt diminué qu'il ne s'est accru chez nous depuis 25 ans. S'il s'est peut-être construit plus de maisons qu'il n'en a été démoli dans cet intervalle, la terre n'a pas sensiblement gagné, a plutôt perdu en valeur productive, les valeurs industrielles, chemins de fer, mines et autres, ont vu très certainement diminuer leur produit net annuel. Cependant le taux des valeurs de capitalisation a presque doublé, sans que le revenu réel ait augmenté; bien loin de là, en effet, nous voyons souvent ce revenu à tout jamais enrayé, peut-être même menacé d'une réduction ou suppression complète, à assez bref délai ; dans nos chemins de fer, par exemple, dont les actionnaires qui croyaient de bonne foi pouvoir compter sur un minimum d'intérêt garanti pour un laps de temps de 70 ans, ont vu ce terme brusquement réduit à 20 ans, par une interprétation inattendue des conventions qui leur avaient été imposées par l'Etat.

Cette exagération excessive du cours des valeurs de bourse s'explique très aisément. L'idée de l'épargne est passée dans nos mœurs ; se réduire dans ses dépenses, quel que soit son avoir, se priver non plus seulement du superflu mais du nécessaire; chercher à se procurer un capital de réserve d'autant plus considérable qu'il rapporte moins en arrérages annuels, est l'incessante préoccupation du plus grand nombre.

Si la moitié, les deux tiers peut-être de cette épargne n'avaient pas été dans ces derniers temps engloutis dans de mauvais placements, emprunts étrangers, escroqueries financières de toutes sortes, entreprises mal gérées comme celle de Panama ; l'affluence de l'épargne sur les fonds offrant une sécurité relative, tels que nos rentes d'Etat, aurait réduit dans de bien plus grandes proportions encore le taux de l'intérêt. Ce n'est plus à 3 %, 2 ½ même, comme dans le dernier emprunt de la ville de Paris, mais bien au-dessous encore que ce taux serait descendu.

Du moment où il est malheureusement bien démontré par une expérience de 25 ans que nous vivons, momentanément, dans une époque de stérilité productive absolue, où le capital disponible ne trouve aucun emploi réellement avantageux, toutes les entreprises industrielles annoncées à grand fracas de réclame dans les journaux n'étant plus qu'un leurre grossier, pour dépouiller impunément ceux qui s'y laissent prendre ; on comprend que le public assagi par l'expérience de tant de désastres financiers, se lasse de courir de nouvelles aventures, et préfère à tout autre pour son épargne un placement d'une sécurité relative, tel que la rente, si réduit qu'en soit le taux d'intérêt.

Nos hommes d'État peuvent se féliciter d'un résultat qui leur permet de faire plus aisément face aux exigences sans cesse croissantes de leurs budgets de dépenses ; il n'en est pas moins déplorable, car le placement de l'épargne ainsi compris n'atteint nullement le but qu'on devrait se proposer ; la constitution d'une réserve affectée au profit du travailleur qui a terminé sa carrière.

Ce minimum de retraite nécessaire à ses besoins, il faudrait le lui assurer, en lui apprenant à jouir plus largement du capital qu'il a péniblement ramassé, à son usage d'abord et dans une certaine limite à celui de sa descendance immédiate, sans s'inquiéter d'une procréation incertaine, se prolongeant dans un lointain illimité.

S'il est absurde, immoral même d'admettre en principe que l'épargne, au lieu de constituer une rente viagère ou limitée, peut indéfiniment produire ses effets au profit d'une descendance imaginaire, que le père de famille voudrait à tout jamais faire vivre dans l'oisiveté, il n'est pas moins illogique d'admettre qu'un emprunt émis par l'État doit à tout jamais grever le budget des générations futures d'une charge sans cesse croissante.

Tout le monde a entendu parler des merveilles que peut théoriquement réaliser la capitalisation indéfinie des intérêts. Il est aisé de calculer qu'un sou placé au denier vingt, par Charles le sage au milieu du XIV⁰ siècle, aurait constitué de nos jours un capital suffisant au payement de la rançon prussienne. Mais avec tout autant de rigueur mathématique, on pourrait établir qu'un emprunt de 0 fr. 05 inconsidérément souscrit par le roi Jean, lors du règlement de la rançon anglaise et dont on aurait négligé de payer les arrérages, représenterait aujourd'hui une dette exigible supérieure aux trente milliards de notre dette nationale actuelle.

De tels chiffres ne peuvent évidemment prouver que l'absurdité qu'il y aurait à vouloir sérieusement baser des combinaisons financières sur de trop longues échéances. La formule des intérêts composés est sans doute mathématiquement exacte, mais comme une pure abstraction ; dans la pratique elle ne saurait se prêter à une application trop étendue, sans faire intervenir des éléments négligés qui la rendraient illusoire.

Sans doute le sou souscrit après la bataille de Poitiers représenterait bien une dette théorique de bon nombre de milliards que nous n'aurions qu'à payer aux Anglais, si nous voulions loyalement et scrupuleusement remplir l'engagement pris envers eux par le roi Jean; mais il n'en serait certainement pas de même du sou qui aurait été placé par son fils. L'intention n'aurait pas suffi, il aurait fallu faire fructifier ce sou pendant 500 ans et il est à présumer que, à quelques mains habiles qu'on l'eût confié, on aurait trouvé bien des mécomptes, bien des faillites, qui depuis longtemps auraient emporté intérêt et capital.

Ce qu'on doit surtout retenir de la formule théorique, c'est la facilité qu'elle offre de grossir la dette ; la difficulté d'accumuler l'épargne ; d'où l'obligation, pour un gouvernement soucieux de l'avenir, de s'imposer pour règle absolue de ne jamais prendre des engagements irréfléchis, qui sans le moindre avantage pour lui sur le moment, pourraient être un sujet de graves embarras pour les générations futures.

L'amortissement de tout emprunt public doit s'imposer en principe, mais pour que cet amortissement soit effectif il faut qu'il constitue une charge directe de l'emprunt se confondant avec les arrérages, devant s'éteindre avec eux dans un laps de temps déterminé.

Du moment où par le seul jeu du placement de l'épargne, le

taux de l'intérêt doit aller en s'abaissant sans cesse, le souci de l'Etat doit être de profiter de cette circonstance, non pour réduire ce taux déjà si minime de l'intérêt indéfini, mais pour mettre l'amortissement à la charge du titulaire des emprunts existants, en faisant porter la réduction librement acceptée par lui, non sur le taux de l'intérêt, mais sur la durée du payement de la rente, qui cessera d'être perpétuelle pour rentrer dans le cadre normal des rentes de durée limitée.

Comme premier exemple de ce que pourrait être la conversion des rentes dans le système que je viens d'indiquer, admettons qu'il s'agisse, dans un délai plus ou moins prochain, de ramener au taux uniforme de 3 $\%$ le 3 $^1/_2$ actuel. Au lieu de dire au détenteur, comme on se propose sans doute de le faire, je ne vous donnerai plus que 3 $\%$ de rente perpétuelle, et cela garanti pendant un petit nombre d'années, on pourrait lui proposer de maintenir le revenu actuel de 3 fr. 50, en affectant 0 fr. 50 à l'amortissement, ce qui, d'après les tables, impliquerait une durée de soixante-six ans pour la rente à servir.

Par ce moyen, on arriverait, sans nouveaux sacrifices, à éteindre la rente actuelle dans un laps de temps plus ou moins long; mais, je le répète, loin de vouloir amortir le capital ou diminuer le chiffre annuel des arrérages payés aux porteurs, il serait à désirer qu'on pût l'augmenter en remplaçant la rente perpétuelle actuelle par une rente amortissable, dont les titres incessamment renouvelés offriraient aux capitaux de l'épargne, le mode de placement le mieux approprié à ses vrais besoins.

La modification que je propose pourrait immédiatement se faire, non pour le 3 $^1/_2$ à l'égard duquel on a déjà pris des engagements, mais pour l'ensemble de la rente perpétuelle 3 $\%$ et de ses similaires.

Sans établir de distinction de détail à ce sujet, j'admettrai, pour fixer les idées, ce qui est d'ailleurs assez conforme à la réalité, que notre dette consolidée, en y comprenant tout ou partie de la rente dite amortissable, que l'Etat s'est engagé à rembourser avec prime ; j'admettrai, dis-je, que le service d'intérêt de cette dette représente une charge annuelle de 900 millions, pour un capital nominal de 30 milliards à 3 %.

Consentant à maintenir ce taux actuel de 3 % appliqué à une rente perpétuelle, on pourrait proposer à tout ou partie des détenteurs actuels de cette rente, deux combinaisons différentes d'amortissement, dans un même laps de temps fixé à cinquante ans : leur servir, au lieu de 3 %, un revenu annuel et uniforme de 3 fr. 87 %, comportant amortissement du capital en cinquante ans, d'après les tables usuelles ; ou bien, comme je l'indiquais tout à l'heure, leur rembourser une annuité uniforme de 1/50 de leur capital, soit 2 % pendant cinquante ans, avec intérêt à 3 % sur les termes restant dus chaque année, ce qui porterait le total de l'annuité à 5 % pour la première année, à 2,06 % pour la cinquantième et dernière. Ou je me trompe fort, cette dernière combinaison serait celle qui paraîtrait la plus avantageuse aux intéressés. Quoi qu'il en soit, dans l'une ou l'autre hypothèse, l'opération se présenterait sous la forme immédiate, pour l'Etat, d'un déficit qui devrait être comblé par de nouveaux emprunts annuels sans cesse grossissants pendant cinquante ans, terme au delà duquel la rente perpétuelle existant aujourd'hui serait remplacée par de nouvelles rentes à terme, échelonnées à diverses échéances, susceptibles par suite de renouvellements annuels.

Quelle que soit d'ailleurs la combinaison adoptée, il est évident que si la mesure était appliquée mathématiquement, sans aucun tempérament, elle constituerait pour l'Etat une simple opération de trésorerie, transformant une rente perpétuelle déterminée par une rente temporaire rigoureusement équivalente, toutes charges comprises, sans perte ni gain pour le Trésor public.

Pour fixer les idées, admettons qu'on s'arrête à la combinaison ayant pour effet d'assurer aux porteurs des arrérages diminuant progressivement de 5 à 2 % pendant cinquante ans.

Pour faire face aux engagements de la première année (réu-
nissant en un seul les quatre quartiers trimestriels pour simplifier)
on devrait, en plus des 900 millions de rente affectés au service
général de la dette, contracter un emprunt de 600 millions du
type général, exigeant par conséquent un service particulier de
30 millions de rente, qu'il y aurait à payer en plus l'année suivante, en même temps que l'on bénéficierait de l'intérêt à 3 $\%$
sur un premier terme de 600 millions également amortis ; soit
une insuffisance réelle de 12 millions, ce qui porterait à 612
millions le montant du deuxième emprunt ; l'année suivante, il
faudrait emprunter de quoi payer l'arrérage du deuxième emprunt en même temps que celui du premier, ce qui entraîne-
rait un calcul assez compliqué d'intérêts composés dont je ne
reproduis pas le détail, me bornant à donner le résultat final
qui correspondrait à la nécessité d'un emprunt de 1583 millions
pour la cinquantième année.

En ce moment, il est vrai, il se produirait une détente ; la
dette primitive se trouvant définitivement amortie, il resterait
une somme annuellement disponible de 600 millions qui dimi-
nuerait d'autant le chiffre des nouveaux emprunts; ils n'en
reprendraient pas moins avec un chiffre initial sans cesse gros-
sissant. On comprend, en effet, que le chiffre nominal de la dette
devenant de plus en plus élevé, la réserve affectée par l'Etat au
service de sa dette actuelle deviendrait de plus en plus insuf-
fisante pour servir l'intérêt à 3 $\%$, et qu'il faudrait de plus en
plus engager l'avenir pour y faire face.

L'opération sous cette forme ne serait donc pas praticable, et
je n'en ai indiqué les éléments que pour servir de terme de
comparaison avec une autre combinaison plus avantageuse.

Dès l'abord, on doit admettre que, si désintéressé que l'Etat
veuille se montrer en cette circonstance, il ne saurait s'imposer
les charges réelles d'une opération aussi compliquée et renoncer
en fait à profiter pour son compte de la réduction graduelle du
taux de l'intérêt, sans se réserver quelques légers avantages, tels

qu'une minime retenue sur l'annuité nouvelle à payer, retenue portant plus encore sur l'avenir que sur le présent.

Sous cette réserve, comme moyen pratique, et simple surtout, d'opérer cette conversion sans nouvelles charges pour le trésor, au grand avantage des porteurs des titres actuels et du placement des capitaux de l'épargne, admettons que l'État consente à maintenir indéfiniment ou tout au moins jusqu'à nouvel ordre les 900 millions affectés actuellement au service de la dette consolidée, au profit des titulaires actuels, mais en appelant tous les ans à concourir aux mêmes avantages un nouveau capital que je supposerai, pour fixer un chiffre, précisément égal à l'annuité d'amortissement annuel, nécessaire pour éteindre la dette actuelle en 50 ans, soit à 600 millions, qui seraient fournis tous les ans par un nouvel emprunt.

Le premier versement sera acquis aux anciens titulaires ; ils auront à se le répartir intégralement, ce qui augmentera des 2/3 leur revenu porté de 3 à 5 $\%$; mais la seconde année, avant d'opérer cette répartition, on devra commencer par déduire de la somme disponible, toujours égale à 1,500 millions, une somme de 30 millions nécessaire pour servir aux titulaires du premier emprunt, assimilés aux anciens, l'arrérage à 5 $\%$ dévolu à ceux-ci, en première année ; ce qui réduira à 1,470 millions le capital à répartir et, par suite, l'arrérage à 4,90 au lieu de 5 $\%$ pour la deuxième année. La troisième, on devra déduire des 1500 millions l'arrérage, à 5 $\%$ sur le deuxième emprunt, à 4,9 $\%$ sur le premier, soit $30 + 27{,}4 = 57^{m}{,}4$, ce qui abaissera la somme à répartir à $1460^{m}{,}6$ millions et le troisième arrérage à 4,802, et ainsi de suite ; les arrérages, continuant à décroître indéfiniment, suivant une progression dite logarithmique dont les termes successifs pourront aisément se calculer par une formule mathématique assez simple [1].

---

[1] Cette formule est dans son expression générale :

$$\log r = \log r_1 - \frac{m}{M} K\,(x - 1).$$

dans laquelle r représente le taux $\%$ de l'arrérage pour la période annuelle x, r_1 le montant de l'arrérage de la première année pour $x = o$.

K un coefficient (module des tables) égal à $K = 0{,}43429448$.

m et M les capitaux de l'emprunt annuel et de la dette totale qui, du moment

Si nous calculons en particulier le cinquantième terme de cette formule, il sera $r = 1,8725$, chiffre notablement inférieur à celui de 2,060 que nous avons trouvé tout à l'heure comme représentant le dernier arrérage normal pour l'amortissement régulier de la dette en 50 ans.

Le premier terme $r_i = 5,0$ étant d'ailleurs le même que dans l'amortissement normal tel qu'il a été expliqué ci-dessus, le titulaire de l'emprunt actuel, si on déclarait sa créance éteinte avec ce dernier terme, éprouverait donc en fait un préjudice que nous apprécierons tout à l'heure.

Admettons pour le moment qu'on lui impose cette réduction qui ne serait pas excessive ; car dans l'état actuel, avec la prévision des réductions successives de l'intérêt de la dette perpétuelle, il doit s'attendre à pire.

La dette actuelle serait donc éteinte dans un délai de 50 ans et remplacée par une dette de même valeur nominale, mais distribuée en 50 séries annuelles qui arriveraient successivement à terme d'amortissement tous les ans.

Si nos neveux voulaient se contenter d'éteindre définitivement la dette que nous leur aurions léguée, ils n'auraient qu'à laisser aller les choses, sans nouvel emprunt, en affectant seulement aux arrérages le fonds actuel de 900 millions, qui suffirait pour les charges de la première année, laissant un excédent disponible croissant de 18 millions par an pour les suivantes.

Dans un siècle, la dette serait donc intégralement éteinte en capital et intérêts. Mais, sans vouloir trop préjuger l'opinion que pourraient avoir à cet égard les hommes d'État du milieu du siècle prochain, cette solution, pour les motifs que j'ai donnés

où il ne s'agit que d'un rapport, peuvent être exprimés en unités quelconques, telles que le million.

Pour le cas particulier qui nous occupe dans lequel on a :

$$V = 5,00, \quad r = 5,0 \qquad \frac{m}{M} = \frac{600}{30,000} = 0,02,$$

cette formule devient particulièrem at $log\ r = 0,0902811 - 0,0086858896\ x.$

plus haut ne me paraîtrait pas la meilleure. Pour conserver à la dette publique son rôle utile de caisse de l'épargne, au lieu de l'éteindre, il serait préférable de la renouveler indéfiniment en continuant à émettre des emprunts annuels de 600 millions, dont le produit devenu disponible recevrait telle affectation qui paraîtrait la plus convenable, soit en allégeant d'autant les impôts, soit en les appliquant à servir annuellement des pensions viagères aux vieillards des deux sexes.

Quoi qu'il en soit de ce détail, dont il serait très prématuré de s'occuper ici, le chiffre de cet excédent disponible au bout de 50 ans, à partir de l'époque actuelle, nous permet d'évaluer avec exactitude le bénéfice réalisé par l'Etat au détriment des porteurs de l'ancienne dette perpétuelle. Les charges de l'emprunt perpétuel se trouvant réduites des 2/3 de 900 à 300 millions ; on aurait en effet amorti cette dette dans la même proportion. Or les tables usuelles nous indiquent que, avec le taux d'intérêt de 3 %, le taux d'amortissement en 50 ans serait à peu près de de 0,0087 ; l'Etat aurait donc bénéficié des 2/3 de ce chiffre, soit 0,0058, ce qui revient à dire qu'il aurait, en fait, réduit l'intérêt servi aux titulaires de 3 à 2,42 %.

Cette réduction n'est guère supérieure à celle qu'on imposera probablement à bref délai aux rentes perpétuelles en attendant mieux ou pire encore !

En tout cas, si on trouvait le sacrifice trop fort, rien ne serait plus simple que de l'atténuer en continuant, pendant un temps plus ou moins long, le service des arrérages.

Théoriquement, si l'on voulait maintenir dans toute sa rigueur le taux de 3 %, il faudrait continuer indéfiniment ce service, ce qui introduirait dans le classement des titres des embarras inextricables. Comme moyen terme on pourrait porter le délai d'amortissement de 50 à 60 ans, ce qui reviendrait à donner aux titulaires 10 termes supplémentaires variant de 1,87 à 1,54 % pour la 60e année.

L'Etat, dans cette nouvelle combinaison, ne réaliserait son

bénéfice que 10 ans plus tard Il aurait en outre en ce moment à faire face au service de 60 séries de titres au lieu de 50, soit à amortir 36 milliards de valeur nominale; au lieu de 30. L'excédent disponible sur les emprunts serait réduit de 600 à 420 millions seulement, représentant l'amortissement de moitié au lieu de 2/3 de la dette actuelle. Le taux de l'amortissement n'étant plus que de 0,006 au bout de 60 ans, le bénéfice réalisé par l'État ne serait que de 0,003, soit un service d'intérêt garanti de 2,70 % très supérieur à celui qu'il aurait probablement servi aux rentes perpétuelles, qu'il est déjà question de réduire à 2,50 %.

L'opération que je viens d'indiquer avec d'assez longs développements pourrait d'ailleurs se faire de bien des manières différentes, en admettant toujours le principe des rentes logarithmiques avec arrérages décroissants. Le chiffre de l'emprunt annuel représentant le placement de l'épargne n'a rien d'obligatoire, il est même probable que celui de 600 millions, sur lequel j'ai basé mes calculs, serait beaucoup trop faible. On pourrait l'augmenter à volonté, le porter à 800 millions, un milliard, et même davantage ; à chaque chiffre correspondrait un tableau particulier d'arrérages calculés avec une formule analogue à la précédente, présentant toujours ce caractère général que, à mesure qu'on augmenterait le chiffre de l'emprunt annuel, le taux des arrérages irait constamment en croissant pour les premiers termes, en diminuant pour les derniers, conditions de plus en plus conformes à la vraie destination des capitaux de l'épargne qui doivent plutôt se rapprocher des rentes viagères que des rentes perpétuelles. Comme terme de comparaison j'ai calculé les arrérages pour deux chiffres d'emprunt annuel de 600 millions et de un milliard, et j'en ai reproduit les résultats

CONVERSION DE LA DETTE CONSOLIDÉE EN DETTE AMORTISSABLE

Tableau des arrérages à payer annuellement par 100 fr. de capital nominal.

NUMÉRO D'ORDRE des annuités	ARRÉRAGES ANNUELS			NUMÉRO D'ORDRE des annuités	ARRÉRAGES ANNUELS		
	AMORTIS' normal en 50 ans à 3 %	RENTES LOGARITHMIQUES emprunt annuel			AMORTIS' normal en 50 ans à 3 %	RENTES LOGARITHMIQUES emprunt annuel	
		de 600 millions	de 1 milliard			de 600 millions	de 1 milliard
1	5.000	5.000	6.3333	25	3.560	3.0939	2.8457
2	4.940	4.9010	6.1257	30	3.260	2.7995	2.4089
3	4.880	4.8039	5.9248	35	2.960	2.5330	2.0390
4	4.820	4.7088	5.7306	40	2.660	2.2920	1.7261
5	4.760	4.6161	5.5427	45	2.360	2.0740	1.4610
6	4.700	4.5242	5.3611	50	2.060	1.8725	1.2367
7	4.640	4.4346	5.185	60	»	1.5364	0.8862
8	4.580	4.3568	5.0153	70	»	1.2579	0.6350
9	4.520	4.2607	4.8059	80	»	1.0258	0.4550
10	4.460	4.1752	4.6919	90	»	0.8452	0.3260
15	4.160	3.7789	3.9716	100	»	0.6903	0.2336
20	3.860	3.4193	3.3618	150	»	0.2540	0.06413
				200	»	0.09341	0.00833
				300	»	0.01273	0.000297

respectifs, pour diverses échéances successives, dans un tableau général qui porte en outre dans une première colonne les arrérages normaux pour amortissement régulier en 50 annuités égales, avec intérêt constant de 3 % sur les termes restant dus.

A quelque chiffre que soit fixé le montant des emprunts annuels, il est bien évident qu'on devrait profiter de l'opération pour démocratiser la rente, en réservant de préférence les sous-criptions aux capitaux de la petite épargne, qui, très probablement, l'absorberaient en entier ; ce n'est qu'en cas d'insuffisance des petites coupures qu'on aurait à s'adresser au public pour couvrir le reste de l'emprunt.

L'Etat ne profiterait pas seulement de cet avantage direct et incontestable d'arriver à réduire de moitié à deux tiers le chiffre du service des arrérages de la dette dans un délai de 50 à 60 ans; il y a lieu d'espérer qu'il bénéficierait plus largement encore, comme conséquence indirecte et immédiate, du surcroît de bien-être général que trouverait le petit rentier à jouir de son vivant d'un intérêt de 6 à 5 % de son capital d'épargne, qu'il aurait même toute facilité d'augmenter s'il lui plaisait de le faire, en restreignant la période d'amortissement à un terme moindre que celui de 50 à 60 ans assigné aux nouveaux emprunts.

Si, pour simplifier l'explication, nous nous plaçons dans l'hypothèse de la première combinaison comportant 50 annuités d'amortissement égales avec intérêt à 3 % sur les termes dus, il est bien évident que le taux de vente à la bourse des titres de rente sera proportionnel au montant des termes restant à payer dans chaque série.

Une rente valant nominalement 100,000 fr. pour 50 termes d'annuités à payer variant de 5,000 à 2,000 fr., ne vaudra plus que 50,000 fr. si elle n'a plus que 25 termes devant elle, 20,000 fr. si elle n'en a que 10.

Suivant qu'il voudra toujours placer un capital de 100,000 fr. sur des rentes ayant un terme d'amortissement plus ou moins long à courir, l'acheteur pourra prétendre à un revenu représenté par l'amortissement dans le délai fixé, augmenté toujours de l'intérêt à 3 % sur les termes dus. Si le délai n'est plus que de 25 ans, la rente variera de 4,000 + 3,000, = 7,000 fr. à 4,000 ; si le délai est réduit à 10 ans, la rente variera de 13 à 10,000 fr., et ainsi de suite. Le calcul ne serait plus tout à fait aussi simple, mais les résultats seraient à peu près les mêmes pour des rentes à intérêts logarithmiques.

A l'inverse, si le capitaliste, persistant dans les errements

actuels, voulait maintenir intact et même accroître son capital
effectif, rien ne lui serait plus facile, en réservant sur les arrérages annuels l'équivalent de la prime d'amortissement qu'il
emploierait en nouveaux achats.

Jusqu'à un certain point, la mesure que je propose peut être
assimilée à celle concernant les concessions dans les cimetières,
qui ne sont plus données à perpétuité, mais que l'on peut indéfiniment renouveler. En théorie, il sera toujours permis de per-
pétuer indéfiniment la jouissance d'un même capital de rente
dans une même descendance familiale ; en fait, on n'usera que
rarement de cette faculté et les rentes acquises par l'épargne
s'éteindront successivement, après avoir rempli leur office, pour
être remplacées par des rentes nouvelles représentant l'épargne
de générations nouvelles.

Ce mode de placement est bien celui qui correspond le mieux
au caractère particulier de l'épargne, qui ne doit être en fait
qu'une consommation différée, une réserve que chaque génération de travailleurs prélève sur ses revenus en excès, pour la
faire consommer par la génération précédente, en attendant
qu'elle ait à consommer à son tour l'épargne de la génération
suivante !

Une objection, sérieuse en apparence, pourrait être faite au
fonctionnement normal du système économique que je viens
d'exposer ; la difficulté, l'impossibilité même, si l'on veut, de
trouver à contracter les emprunts annuels nécessaires au service
des arrérages de la rente publique en certains moments de crise,
telle que celle qui pourrait résulter d'une guerre générale. Dans
ces circonstances, aussi rares, il faut l'espérer, que passagères,
où tant de rouages cessent de fonctionner, où toutes les
affaires s'arrêtent en quelque sorte d'elles-mêmes ; l'Etat ne
ferait que suivre la loi commune, en suspendant momentanément
le service, non des intérêts, mais de l'amortissement de la dette,
qui reviendrait jusqu'à nouvel ordre à l'état des rentes perpétuelles n'ayant droit qu'à l'intérêt, au taux légal de 3 %, sur le

capital réellement dû à raison de la quotité et du nombre de termes restant à payer. Pour chaque terme de rentes, les charges d'intérêt, seules exigibles, seraient à peu près ce qu'elles sont aujourd'hui ; le service d'amortissement ne serait repris que lorsque la situation du crédit public permettrait d'y faire face, et il va sans dire que la durée des arrérages serait prorogée d'un nombre de termes précisément égal à ceux de la suspension.

V. — L'Impôt.

L'impôt est un prélèvement sur la fortune privée ou les ressources de chacun, destiné à subvenir aux diverses charges de l'Etat, des départements, des communes et accessoirement de certains autres groupements spéciaux d'intérêts privés.

L'impôt peut se prélever de diverses manières ; mais je crois pouvoir admettre, en principe, qu'il devra toujours rester soumis à cette double condition, de restreindre aussi peu que possible la production et la consommation, qui l'une et l'autre concourent à alimenter le travail, et de porter plutôt sur le superflu que sur le nécessaire ; d'être par suite progressif et non simplement proportionnel aux ressources de chacun, toutes les fois qu'on pourra le faire.

Sous cette double réserve, l'impôt peut porter sur la fortune privée soit directement, soit indirectement, et dans ce dernier cas, que nous allons examiner le premier, il peut provenir de plusieurs sources plus ou moins distinctes :

1° En premier lieu, nous distinguerons les impôts représentant une simple rémunération d'un service rendu au public qui ne sont pas simplement une dépense d'ordre, mais peuvent laisser à l'Etat un excédent de recette plus ou moins considérable. Tels sont en l'état les impôts des postes et télégraphes, les droits de navigation sur les canaux, etc., auxquels je proposerais d'ajouter l'impôt sur l'émission de la monnaie, qui, en régularisant un service public important, pourrait laisser un revenu net de 200 millions par an.

En revanche, je serais d'avis de supprimer l'impôt sur les chemins de fer qui, en fait, ajoute un surcroît de charges aux tarifs de transport déjà trop élevés ; ainsi qu'on l'a déjà fait récemment pour certaines taxes supplémentaires ; il y aurait lieu de supprimer le restant des taxes fiscales, portant sur le transport des marchandises et des voyageurs, à la charge par les compagnies avec lesquelles on pourrait s'entendre à cet égard, de consentir à une détaxe équivalente sur les tarifs légaux. Une telle réduction, portant sur la masse générale des transports, serait autrement favorable au développement de la fortune publique que la construction de tant de lignes nouvelles, sans trafic et sans utilité réelle, que l'on multiplie de toute part, qui ne servent qu'à grever le budget de l'Etat et à ruiner les actionnaires des grandes compagnies sans profit pour personne.

2° Viennent en second lieu les impôts constituant un véritable monopole qui peuvent et doivent être maintenus, lorsqu'ils portent sur des besoins factices ou des objets de luxe, tels que l'impôt sur le tabac, sur les cartes à jouer, etc., ou qu'ils répondent à certaines mesures d'hygiène ou de sécurité publique, comme les impôts sur l'alcool, la poudre, auxquels on a peut-être eu tort d'ajouter l'impôt sur les allumettes.

3° En troisième ligne, se présentent les impôts sur les objets de consommation perçus sous forme de droits de douanes ou d'octroi des villes, qui sont les moins justifiés, ceux qui portent le plus obstacle au libre développement de la production, qu'il faudrait surtout supprimer en principe, sauf à conserver dans une mesure très restreinte ceux qui peuvent être considérés comme indispensables pour protéger certains produits nationaux contre la concurrence étrangère.

Je veux bien admettre qu'il soit peut-être utile et même nécessaire de maintenir quelques droits de douane sur les blés, la viande, le fer, la houille, qui ont leurs similaires chez nous ; mais je ne vois pas pourquoi on continuerait à percevoir des droits de douane très élevés sur certaines denrées exotiques, telles que le café, le thé, le cacao, pas plus que des droits intérieurs, sur le sucre, le vin, la bière et autres produits nationaux qu'il y aurait grand avantage à livrer au plus bas prix possible à la consommation.

4° En quatrième ligne je mentionnerai les taxes portant sur les mutations ou transactions de toute sorte, constituées surtout par les droits d'enregistrement qui se présentent à mes yeux dans des conditions très différentes. Autant il me paraîtrait équitable de frapper d'un droit largement progressif avec limite d'un maximum de transmission, même en ligne directe, au delà d'un certain chiffre, et à plus forte raison en ligne collatérale, les capitaux qui par voie d'évolution naturelle passent brusquement en des mains étrangères, par héritage ; autant me paraissent fâcheux les droits excessifs actuellement perçus sur les ventes d'immeubles qui ont pour effet de les immobiliser en la possession du détenteur n'ayant pas toujours les aptitudes voulues pour les exploiter utilement.

Ces quatre catégories d'impôts indirects auxquels il faudrait joindre les produits du domaine national, et quelques rentrées accessoires que je crois inutile d'énumérer ici, n'étant pas suffisantes pour faire face aux charges de nos budgets, il faut nécessairement recourir pour le surplus à des taxes portant directement sur la fortune privée, à l'état de capital ou de revenu.

Ces impôts existent déjà sous le nom de contributions directes. Dans l'ancien état des choses, lors de l'organisation de notre système financier, ils constituaient les ressources principales du budget, dont ils représentent à peine aujourd'hui la septième partie.

En dépit de la réduction relative qu'ils ont subie, en fait, les impôts directs sont ceux qui sont le plus souvent discutés. Si peu de gens en demandent la suppression plus ou moins complète, le plus grand nombre s'accorde à reconnaître qu'ils sont mal établis et auraient besoin d'être remaniés dans leur assiette et dans leur quotité. Avec l'impôt sur les successions, qui lui-même, comme le reconnaissait dernièrement le Ministre des finances, est un véritable impôt direct, ils sont en effet à peu près les seuls auxquels puisse s'appliquer le système de la progression à laquelle échappent forcément la plupart des impôts indirects. Il est donc fréquemment question de remplacer les contributions directes par un impôt progressif sur la fortune individuelle.

Cette taxe sous cette forme nouvelle doit-elle porter sur le capital ou sur le revenu? Les avis à cet égard sont partagés; mais un point sur lequel il me semble que tout le monde devrait tomber d'accord, c'est que ces deux modes de taxation ne devraient jamais faire double emploi et qu'on devrait savoir opter pour l'un ou pour l'autre. Sous cette réserve générale il me paraîtrait nécessaire d'établir une distinction, suivant que le revenu à taxer provient du capital ou simplement du travail physique ou intellectuel de chacun. Pour cette dernière catégorie, l'impôt ne peut évidemment porter que sur le revenu. Il est d'ailleurs hors de doute que, dans les conditions de notre état social, il ne saurait être question de taxer le travail purement physique et individuel, le salaire direct du journalier des campagnes, de l'ouvrier d'usine ou du commis de commerce; la taxe ne peut porter que sur le revenu relativement élevé, qu'un individu peut se procurer soit directement à raison de ses facultés intellectuelles spéciales dans les professions libérales, soit indirectement en centralisant, dirigeant et exploitant à son profit le travail salarié dans le commerce et l'industrie. A ces divers points de vue la taxe prélevée sur le revenu provenant du travail est déjà représentée par l'impôt des patentes qui devrait être conservé en principe comme taxe d'État, sauf à la remanier peut-être dans sa forme, sans qu'il y ait lieu d'en augmenter la charge totale actuelle. Un semblable impôt, doit être essentiellement modéré dans son assiette; car son exagération aurait bien certainement pour effet d'enrayer le déve·

loppement de la production et des transactions commerciales qui sont les sources principales de la richesse publique.

Quant à l'impôt portant sur les ressources provenant d'un capital matériel tangible, il me paraît plus naturel de le prélever sur le chiffre même de ce capital que sur le revenu qui peut varier suivant l'aptitude de son détenteur. C'est à celui-ci qu'il appartient de tirer de son capital le plus grand revenu. Si par son incurie ou son défaut d'aptitude, ce capital demeure improductif, il doit être considéré comme un objet de luxe qui n'en restera pas moins soumis à la taxe.

Ce nouvel impôt substitué en fait au principal des trois contributions directes autres que celui des patentes qui serait seul maintenu en principal, au profit de l'Etat; ce nouvel impôt, portant sur la totalité du capital de chacun, tant mobilier qu'immobilier devrait être franchement progressif.

La jouissance de la fortune doit être en effet soumise à des charges relatives d'autant plus lourdes que son usage répond à des besoins individuels moins indispensables.

Il me paraît donc logique et équitable de frapper de préférence les gros capitaux. Sans doute dans leur période de fonctionnement normal, pendant la durée de leur libre jouissance viagère, l'impôt qu'ils auront à supporter ne saurait être comparable à celui qui les atteindrait dans l'évolution de l'héritage, mais il n'en doit pas moins être progressif.

Ces explications sommaires me paraissent suffisantes pour faire comprendre les principes généraux qui devraient servir à établir l'assiette et la répartition des impôts. Il me reste à indiquer, plus brièvement encore, comment on pourrait en faire l'application pratique à nos divers budgets de recette, en commençant par celui de l'Etat, étudié successivement au point de vue des retranchements qu'on devrait lui faire subir et des ressources nouvelles qui devraient faire face à ce déficit.

1° Comme suppression complète j'indiquerai d'abord, à titre de simple mesure d'ordre, l'impôt sur les titres mobiliers faisant double emploi dans sa forme actuelle avec l'impôt progressif sur la fortune globale, soit de ce chef une suppression en unités de millions de... 69^m

En second lieu suppression des impôts sur les boissons vins, cidres, etc... 179

En troisième lieu, taxe sur les transports par chemins de fer... 47

Total des suppressions.................... 295

2° Comme simples réductions d'impôts :

Les droits d'enregistrement sur les ventes d'immeubles réduits des 2/3 environ en revenu, ce qui ʳmettrait probablement d'en abaisser le taux des 9/10, dans des conditions à peu près comparables à celles des titres mobiliers... 152

Réduction des 2/5 environ sur les droits de douanes. 154

Ensemble... 306

3° Enfin comme désaffectation, avec faculté de suppression plus ou moins complète par les communes, la totalité du principal sur les contributions directes autres que les patentes (impôts foncier, mobilier et portes et fenêtres) 344

Total général des réductions.................... 945

Nous aurions donc à opérer sur le budget de l'Etat un ensemble de réductions s'élevant à 945 millions qui devront être équilibrées par les ressources nouvelles énumérées plus haut.

Service d'émission de la monnaie (en millions)...... 200

Surtaxe de droits de succession.................... 500

Impôt progressif sur le capital.................... 245

Total égal... 945

J'ai déjà spécifié en quoi consisteraient les deux premiers impôts. Il me reste à dire quelques mots de l'impôt sur le capital destiné à remplacer en fait sous une autre forme le principal des contributions actuelles, sauf toujours celui des patentes qui serait encore maintenu comme impôt sur une catégorie de revenus ne pouvant être atteints en capital.

Cet impôt devrait porter sur toutes les valeurs sans distinctions, mobilières ou immobilières, y compris les rentes, représentant le total de la fortune de chacun.

L'établissement de l'assiette de cet impôt serait relativement facile à faire, du moment où, par la suppression absolue des valeurs au porteur, la fortune individuelle se trouverait normalement au grand jour.

Cet impôt devrait être essentiellement progressif, bien que suivant une marche beaucoup moins rapide que celle de l'impôt sur les successions.

Il pourrait, comme celui-ci, se calculer suivant une formule mathématique fort simple telle que l'expression logarithmique :

$$y = K (10 + (1 + \log m) M)$$

dans laquelle y représenterait le chiffre de la capitation individuelle M et m la valeur du capital individuel respectivement exprimé en milliers et millions de francs; K enfin un coefficient variable voté chaque année par les Chambres à raison du produit qu'il serait nécessaire de faire rapporter à l'impôt.

En prenant ce coefficient proportionnel k égal à l'unité, il est aisé de déduire de cette formule que l'impôt ne commencerait à être perçu que sur une valeur de capital supérieure à 10,000 fr.[1], s'élevant respectivement

Pour	10.000	de capital.....	0
—	100.000	—	10
—	200.000	—	72
—	500.000	—	360
—	1.000.000	—	1.010
—	2.000.000	—	2.610
—	10.000.000	—	20.010
—	50.000 000	—	128.910
—	100.000.000	—	300.010
—	1.000.000.000	—	4.000.010

[1] En unités de milles   M = 10

de millions $m = \dfrac{1}{200}$, $\log m = -2$

$y = 10 + 10 (1 - 2) = 0$

Pour le cas particulier d'une fortune légendaire de 3 milliards, au delà de laquelle il n'y aurait probablement jamais à pousser le calcul, la taxe annuelle d'impôt s'élèverait à 13,431,370 fr.

Au-dessous d'un chiffre de fortune de 500,000 fr. qui représente déjà une large aisance, l'impôt serait très modéré puisqu'il ne s'élèverait qu'à 0,062 pour 100 fr. de capital. Pour un capital de un million correspondant à une vraie fortune, le taux ne serait que de 0,1, soit 1/30 du revenu, si nous supposons que celui-ci soit en moyenne de 3 °/₀ du capital.

Si nous admettons comme plus ou moins vraisemblable que la fortune publique se partage en France à peu près par égales parties entre gens ayant moins de 1 million et gens ayant de 1 à 100 millions, le taux moyen de la contribution sera de 0,0610 pour la première série et 0,2578 pour la seconde, soit en moyenne 0 fr. 1594 pour 100 fr., donnant comme production totale sur un capital national de 160 milliards une contribution probable de 255 millions.

Sur ces bases fort hypothétiques, mais qu'un cadastre spécial des valeurs mobilières permettrait de reviser, la valeur du coefficient proportionnel n'aurait pas pour le moment besoin d'être supérieure à l'unité, et les taxes du tableau précédent pourraient être considérées comme des maxima.

La suppression en principal des trois contributions directes (foncier, mobilier, portes et fenêtres) remplacée par la taxe sur le capital individuel, serait définitive, en ce qui concerne le budget de l'Etat, le seul dont nous ayons eu à nous occuper jusqu'ici ; mais les centimes additionnels continueraient à être perçus par les budgets du département et des communes qui ne paraîtraient pas comporter une autre base de tarification que celle qui existe aujourd'hui. S'il est en effet logique et naturel de calculer l'impôt de l'Etat d'après la totalité de la fortune individuelle, tout au moins celle qui est constituée par des valeurs françaises de toute nature, les seules dont nous ayons à nous occuper ici, il est bien évident que la même assiette ne pourrait s'appliquer aux impôts localisés ; ce n'est pas à raison de ma fortune totale, mais à raison de la quote-part du bien que je possède, ou de mon état de maison, dans telle ou telle communauté, que je dois contribuer à ses charges particulières.

La réforme n'atteindrait donc pas les budgets départementaux dont les ressources sont parfois uniquement représentées par des centimes additionnels sur les contributions directes, dont il n'y aurait aucun motif d'augmenter ou de diminuer le nombre. Il en serait autrement pour les budgets communaux, tout au moins ceux des villes, où la réforme fiscale la plus importante et la plus nécessaire, plus nécessaire encore que la réduction des droits de douane, devrait être la suppression complète des octrois qui, en l'état, constituent la ressource principale de ces budgets.

C'est pour parer à ce déficit que j'ai admis que le principal des impôts directs (sauf toujours celui des patentes) serait, non supprimé, mais désaffecté du budget de l'Etat, pour être reporté à celui des communes qui auraient à voir si elles devraient rendre cette suppression effective ou non. Le dégrèvement serait bien réel pour les communes rurales, qui n'auraient plus à supporter que les centimes additionnels qu'elles perçoivent aujourd'hui et qui constituent la principale ressource de leur budget.

Mais les villes qui devraient renoncer aux droits d'octroi, seraient dans la nécessité d'y suppléer, et elles ne pourraient le faire qu'en reprenant à leur profit tout ou partie du principal des contributions directes distraites du budget de l'Etat et mises à leur disposition.

Il y aurait même peut-être lieu d'examiner si, dans ces conditions nouvelles, l'impôt direct ne devrait pas être rendu progressif, tout au moins l'impôt mobilier, qui représente bien plus particulièrement l'état de fortune ou d'aisance des contribuables ; c'est ainsi que les choses ont été déjà établies à Paris. Je ne saurais pourtant me prononcer sur ce point qu'avec de grandes réserves, car on ne doit pas se dissimuler que, la suppression des octrois profitant surtout aux classes pauvres, on ne devrait pas inconsidérément surcharger les classes riches d'un autre côté. En toutes choses, il faut savoir garder une sage mesure.

Les communes rurales bénéficiant, ou à peu près, en entier du principal de l'impôt sur les propriétés non bâties, qui ne s'élève d'ailleurs qu'à 78 millions, les villes disposeraient à peu près de tout le reste (propriétés bâties, mobilier, portes et fenêtres), soit une somme de 266 millions qui équivaudrait bien à un chiffre effectif de 300, en tenant compte de l'économie réalisée par la suppression des frais si coûteux de perception des droits d'octroi.

Si cette somme ne suffisait pas toujours à combler le déficit, les villes auraient à y pourvoir par un surcroît de centimes additionnels portant surtout sur l'impôt mobilier et peut-être sur les patentes.

VI. — Résumé et Conclusions.

Je ne me dissimule pas que les mesures que je propose comme réformes fiscales paraîtront subversives à bien des gens et trop radicales même aux intransigeants du radicalisme politique. Au moment où j'écrivais ces lignes (juillet 1894), la Chambre des députés venait de repousser, à une assez grande majorité, des propositions en apparence beaucoup plus modérées, celles de MM. Cavaignac et Jaurès.

Je comprends parfaitement, j'avoue même que je partagerais la répugnance de nos représentants à voter de telles réformes, ou plutôt de tels impôts supplémentaires, présentés comme de simples amendements à la loi du budget, ne se rattachant à aucun programme d'ensemble, sans but défini et souvent sans moyen pratique d'application.

A la rigueur, je veux bien admettre, avec M. Cavaignac, que sans faire précisément double emploi on pourrait ajouter à la série d'impôts proportionnels déjà payés par les parties intégrantes d'une fortune privée, un impôt progressif portant sur son ensemble global. Mais quel sera le but de cet impôt ; pourquoi portera-t-il plutôt sur le revenu dont le chiffre relativement élevé indique de la part de celui qui en jouit un effort de travail et de production méritant d'être encouragé, plutôt que sur le capital qu'une condamnable inertie laisserait inactif? Mais par-dessus tout, sur quelles bases calculera-t-on cet impôt? Comment établira-t-on le chiffre global de la fortune de chacun en capital et plus encore en revenu? Devra-t-on s'en rapporter à la simple déclaration de l'intéressé, ou la contrôler? La présomption n'est pas admissible, si elle n'est appuyée de preuves matérielles, et ces preuves, on ne les trouvera en l'état que dans l'appréciation des propriétés foncières, qui peuvent être grevées de dettes et de charges que rien n'indique ; tandis qu'elles feront complètement défaut pour l'évaluation des fortunes mobilières de portefeuilles, qui pourront en toute sécurité dissimuler des millions et des milliards, sans que rien vienne démontrer l'inexactitude de la déclaration.

Cette objection est d'autant plus forte que tout le monde se récrie à l'idée de recourir à aucun moyen d'investigation ayant un caractère *inquisitorial* ; c'est à cette difficulté que j'ai voulu parer de prime abord, non que je veuille rendre ces procédés inquisitoriaux obligatoires, mais simplement inutiles, en supprimant les titres de valeurs mobilières au porteur ! Quels inconvénients pourrait-on voir à ce que la fortune de chacun paraisse au grand jour ; pour le contenu de sa caisse et de son portefeuille, ainsi que pour la terre qu'il peut posséder au soleil. En quoi cette divulgation serait-elle préjudiciable au légitime détenteur d'une fortune honnêtement acquise ? et si, dans une situation inverse, le cadastre officiel avait pour effet de dévoiler un état de fortune obéré, verrait-on quelque inconvénient à restreindre l'abus que pourrait être tenté de faire un particulier, d'un crédit purement apparent ?

Tout doit se tenir dans un système fiscal bien coordonné, et c'est pourquoi avant de proposer un impôt sur la fortune globale il m'a paru nécessaire de prendre des mesures pour permettre l'évaluation exacte et facile de cette fortune globale.

Cette mesure préalable me paraîtrait tout aussi nécessaire pour le projet de loi de M. Jaurès ; comme lui sans doute, je propose une augmentation sur les droits de succession, mais je vais franchement et droit au but ; je vois moins dans cette mesure une nouvelle source d'impôt qu'un moyen avouable et avoué de poser une limite nette et infranchissable à l'accroissement monstrueux de certaines fortunes patrimoniales qui, si on n'y mettait ordre, ne tarderaient pas à compromettre tous nos inté-rêts sociaux.

Ce mal sans doute n'est pas nouveau ; il a été la plaie de bien des sociétés dans l'antiquité, comme au moyen âge et même dans les temps modernes ; mais jamais il n'aurait été plus redou-table que de nos jours, si on continuait à vouloir le consacrer par une sanction légale.

Ce n'est plus avec des lois agraires, des proscriptions, des confiscations arbitraires, des bûchers ou des potences, qu'on doit songer à y obvier tardivement, mais par des mesures préven-tives prises en temps opportun, que la nécessité d'Etat impose, et qu'on ne saurait retarder beaucoup plus longtemps.

J'ai parlé plus haut de la loi des intérêts composés, j'ai montré comment cet engin mathématique pouvait produire des effets si différents, suivant qu'il était manié par des mains habiles ou incapables. Nous en avons eu la preuve dans la gestion de nos finances publiques, où, pendant tant d'années, on a vu des hommes, dont la compétence en pareille matière ne paraissait pourtant pas discutable, couvrir de leur haute autorité les agis-sements parfaitement réguliers d'ailleurs, d'une caisse spéciale qui, sous prétexte d'amortir notre dette nationale, continuait gra-vement à racheter des rentes 3 % au taux de 75 francs, avec des fonds provenant d'un nouvel emprunt émis en 5 % au pair, ce qui revenait à s'endetter de 5 francs pour s'acquitter de 4 francs.

Par ce procédé, c'est la dette qui grossit sans cesse, courant à l'avalanche, qui doit nécessairement s'engouffrer dans la banque-route. Ce n'est certainement pas ainsi qu'ont opéré et qu'opérent ceux qui en moins d'un siècle ont vu transformer leurs millions en milliards ; et leur boule de neige est trop savamment menée pour qu'elle ne doive pas tout attirer à elle, si on ne se hâte de mettre sur sa route le frein qui doit enfin l'enrayer, en l'allégeant d'une partie de sa charge. Ce frein ne peut être que l'impôt progressif sur les successions avec maximum, employé résolument sans scrupule et sans faux-fuyants.

J'ai indiqué 25 millions, comme limite de ce maximum, qui ne saurait être dépassée dans la transmission d'un héritage ; ce chiffre n'a sans doute rien d'absolu ; on peut l'augmenter si on le trouve insuffisant, mais l'essentiel est qu'il soit fixé, et cela dans le plus bref délai possible.

Quand un homme a su, dans le cours de sa brève existence, amasser une de ces fortunes colossales que nous voyons surgir chaque jour, à sa mort on doit prévoir de deux choses l'une : ou ses enfants auront hérité de ses rares capacités financières, et dans ce cas ils ne seront pas embarrassés pour reconstituer la fortune paternelle avec le capital qui leur est laissé comme entrée de jeu ; ou bien ils ne se sentiront d'autre aptitude que de jouir de cette fortune, le plus souvent en la gaspillant follement ; et, dans ce cas encore, il est utile de mettre des bornes à leurs scandaleuses ou ineptes prodigalités.

C'est là, ce me semble, ce que devraient surtout avoir en vue le moraliste et l'économiste ; combattre, non la richesse, mais l'accumulation abusive de la richesse !

Si instinctif que soit en nous le sentiment de l'égalité, nous ne saurions avoir la prétention de l'étendre au partage de la fortune. La chose n'est pas possible ; le serait-elle que le résultat en serait des plus fâcheux, contraire au développement de toutes nos facultés physiques et intellectuelles qui, faute de stimulant, ne tarderaient pas à s'atrophier. Une société dont tous les membres auraient absolument les mêmes ressources ne pourrait être qu'une société d'anachorètes ou de sauvages ; le moine dans sa cellule, absorbé par la contemplation idéale, ou le peau-rouge, errant dans la Savane, sans autre préoccupation que de trouver dans le produit de sa chasse, l'aliment de sa vie matérielle de chaque jour.

Dans une société bien organisée telle que nous devons la comprendre avec notre civilisation, la fortune, moralement bonne ou mauvaise en ses effets, peu importe, est une institution nécessaire. L'essentiel est que cette fortune soit accessible à tous; que chacun puisse y prétendre et arriver à la posséder à son tour, suivant ses facultés; mais dans des limites assez restreintes pour que la fortune d'un seul ne soit pas achetée par la ruine et la misère d'un trop grand nombre.

Si donc on veut admettre des catégories, et je les crois nécessaires, on doit les réduire à trois seulement, graduellement étagées, se pénétrant l'une l'autre, sans limites bien précises, correspondant à trois niveaux moyens de la fortune; ceux qui n'en ont pas assez; ceux qui en ont assez; ceux qui en ont trop.

La première catégorie ne comprend pas seulement les misérables, les prolétaires vivant de leur salaire journalier, mais tous ceux qui, à des degrés très différents, n'ont pas les ressources suffisantes pour vivre sans une gêne plus ou moins grande dans le milieu social où ils sont nés, où ils ont été élevés, et où il est équitable de leur faciliter les moyens de se maintenir sans trop d'efforts.

Ceux-là ne doivent payer que peu ou point d'impôt direct. L'Etat leur doit en outre l'assistance pour assurer leurs besoins matériels les plus indispensables; l'encouragement moral au travail et à l'épargne qui seuls peuvent améliorer leur position; la protection enfin, nécessaire pour assurer le travail et garantir la sécurité du placement de leur épargne.

La seconde catégorie comprend tous ceux qui, débarrassés des soucis de la vie purement matérielle, peuvent se procurer la satisfaction des jouissances d'un ordre plus élevé.

Ceux-là doivent payer un impôt proportionné et non propor-

tionnel à leurs ressources. L'Etat leur doit toujours la protection
sinon l'assistance ; et l'influence qu'il peut exercer sur eux doit
les encourager non plus à restreindre leurs besoins, mais à les
satisfaire largement, suivant l'importance de leurs ressources
honorablement dépensées. Ils doivent comprendre que l'épargne
pour eux n'est plus une vertu ; que poussée trop loin elle deviendrait un vice qu'il faudrait combattre.

Viennent enfin, en petit nombre, ceux qui possèdent une fortune hors de proportion avec les besoins avouables que peuvent
enfanter les goûts de luxe les plus raffinés.

Ceux-là naturellement doivent payer un impôt progressif de
plus en plus élevé sur le chiffre de leur revenu ; mais ils doivent
être prévenus en outre que cette possession abusive n'est que
viagère ; qu'ils ne pourront la transmettre entière à leurs descen-
dants ; pas plus que la sangsue, qui elle-même a son utilité, ne
transmet à la sienne le flux de sang dont elle s'est gorgée.

Les droits de la propriété sont sacrés, je le veux bien, mais
ceux de la société ne le sont pas moins, et je ne vois pas qu'il y
ait à s'apitoyer beaucoup sur le sort de malheureuses victimes
qui, si expropriées qu'elles aient été de leur héritage, conser-
veront un enjeu de 25 millions pour leur début dans la vie.

C'est ce que ne me paraissent pas avoir compris nos réfor-
mateurs de la Chambre et particulièrement le ministre des finances
dans son projet de loi sur les droits de succession en ce moment
soumis à l'examen de la Commission du budget.

Ce projet a sans doute pour base apparente la progression de
l'impôt. Mais, ce principe admis, pourquoi s'arrêter au moment
même où son application serait le plus nécessaire ? Pourquoi
partager les héritages en catégories arbitraires et se hâter de
frapper vite en bas, comme si l'on avait peur de frapper fort en
haut ? c'est pourtant là qu'il faut atteindre !

Quel motif pourrait-on avoir de limiter à un million de capital
la progression de l'impôt. Des fortunes de cet ordre à la jouis-

sance desquelles tout le monde peut plus ou moins espérer arri
tôt ou tard, représentant 20 à 30.000 f. de rente, n'ont rien
scandaleux ni de préjudiciable à l'intérêt social ; loin de là, d
une certaine mesure, elles sont nécessaires et indispensables p
assurer le fonctionnement des industries de luxe et des arts libér
qui sont parmi les éléments essentiels de notre production soci
Ce ne sont point les millionnaires qu'il faudrait restreindre, mai
milliardaires qu'il faudrait supprimer. A cet égard, le projet mi
tériel est incomplet, et bien plus encore il manque de toute sa
tion d'application pratique. Comment en effet arrêter l'assiette
l'impôt, obvier à l'inexactitude des déclarations des intéressé
l'on ne s'est assuré par avance un sûr moyen de contrôle,
cadastrant la fortune mobilière comme on a déjà depuis longte
cadastré la fortune immobilière. Une mesure de ce genre s'
pose avant toute chose, et c'est seulement lorsqu'elle aura
réalisée qu'on pourra se prononcer en pleine connaissance
cause et arrêter sur de justes bases les chiffres réels qu
pourra demander à l'impôt et qu'on devra en attendre.

Je ne crois pas nécessaire d'entrer dans de plus amples dé
loppements ; ne pouvant avoir la prétention de préciser des dé
d'application et, moins encore, des chiffres, pour lesquels la
part des éléments d'appréciation me font défaut, j'ai dû me l
ner aux explications strictement suffisantes pour établir les gr
des bases de la réforme fiscale que je propose, et en faire ress
les avantages généraux. « Développer la production natio
sous toutes ses formes en facilitant la consommation du pro
qui, seule, lui donne une raison d'être ; établir une réparti
plus équitable de la richesse publique, tout en respectant
ce qu'ils ont de réellement respectable les droits de propri
prévenir l'abus de ces derniers droits en mettant de justes bo
à la trop grande absorption de la fortune publique par un
nombre de fortunes privées ; assurer un placement aux capi
de l'épargne ; faire porter les charges de l'impôt plutôt su
superflu que sur le nécessaire. »

Telles sont les bases du programme que je me suis proposé
ai-je réussi à le remplir ? Le lecteur en jugera si tant est que ce
modeste opuscule trouve des lecteurs. A cet égard, je ne me fais
pas grande illusion. Je sais par expérience combien il est difficile
de se faire entendre et surtout écouter quand on n'a pas de noto-
riété personnelle qui impose l'attention et qu'on se trouve avoir
à lutter à la fois contre l'indifférence sceptique du public et le
dédain voulu des professionnels qui vous soupçonnent de vouloir
empiéter sur leur spécialité. Bien des fois, pour mon compte, je
me suis heurté à des déceptions de ce genre, et ce n'est pas sans
quelque hésitation que je me suis résolu à reprendre une fois
encore ce rocher de Sizyphe que j'ai roulé toute ma vie sur tant
de pentes diverses, au risque de le voir une fois de plus retomber
sur moi !

Cette considération toutefois n'a pas suffi pour m'arrêter dans
le cours de ma longue carrière. Sans m'inquiéter du résultat, je
me suis toujours proposé deux choses : comme une règle envers
moi-même, de chercher à me faire une opinion personnelle et
réfléchie sur tous les problèmes scientifiques ou économiques que
mon intelligence me permettait d'embrasser ; comme un devoir
envers les autres, de leur communiquer le résultat de mes recher-
ches quand je croyais qu'il pourrait leur être utile de les con-
naître. Ce devoir de conscience, je l'accomplis en publiant ce
petit livre ; le reste ne me regarde plus !

A. D.

15 octobre 1894.

TABLE ANALYTIQUE DES MATIÈRES

1° J'appelle CAPITAL toute chose ou titre représentatif d'une chose ayant une valeur intrinsèque susceptible d'être évaluée en fonction de l'unité monétaire métallique.

2° J'appelle MONNAIE le signe représentatif, légalement transmissible avec cours forcé, d'un capital de valeur supérieure engagé en nantissement par son propriétaire, dans un établissement spécial d'émission, fonctionnant sous le contrôle et avec garantie de l'État.

3° Tout capital, mobilier comme immobilier, devra avoir un propriétaire nominal pourvu d'un titre authentique.
Tous titres de valeur au porteur sont supprimés en dehors de la monnaie légale circulant librement avec l'estampille de l'État.

4° Tout capital mobilier ou immobilier, libre de toute charge, pourra, sur la demande de son détenteur, et jusqu'à concurrence d'une partie proportionnelle déterminée de sa valeur, être converti en monnaie légale, a la charge par le demandeur de payer à titre de droit régalien un impôt ou intérêt proportionné au chiffre de l'émission.

5° L'émission de la monnaie sera faite au nom de l'État par un établissement spécial, pouvant être la Banque de France actuelle, qui percevra et versera dans la caisse publique le droit ou intérêt proportionnel d'émission, sous réserve d'une commission rémunératrice de ses services.

6° L'État restera garant et responsable des opérations de la Banque d'émission qui devra subordonner le chiffre de ses avances en comptes courants, à l'avis d'une commission spéciale instituée dans chaque département ou arrondissement.

III. — Propriété et transmission du capital,............... 16

7° Tout propriétaire d'un capital honorablement acquis aura le droit d'en jouir librement de son vivant, quel qu'en soit le chiffre, à la seule charge de payer un impôt progressif ; mais il ne pourra transmettre ce capital par voie de don gratuit ou d'héritage, qu'à la charge de payer un droit de mutation largement progressif, et jusqu'à concurrence d'un certain maximum légal qui ne saurait être dépassé, tout l'excédent au dela de ce maximum revenant à l'État en surplus des droits.

IV. — La Dette publique et l'Épargne,............... 21

8° Il ne sera plus à l'avenir contracté de nouvel emprunt d'Etat en rentes perpétuelles, et tous les emprunts existants seront au plustôt convertis en rentes temporaires, portant avec elles leur amortissement légal dans un laps de temps de 50 à 60 ans au plus.

9° Cette conversion sera dirigée moins en vue d'amortir définitivement la dette de l'Etat, que de la transformer en une réserve destinée à assurer un placement avantageux aux capitaux de l'épargne privée qui, tour à tour, pourront ainsi se transformer en rentes temporaires, de type logarithmique, avec arrérages décroissants qui seront payés aux titulaires ou leurs ayants droit, pendant un laps de temps limité.

V. — L'Impôt... 37

10° L'assiette de l'impôt sera transformée de manière à supprimer autant que possible les taxes qui nuisent au développement de la production et de la consommation, en les remplaçant par de nouvelles taxes représentant, les unes la juste rémunération d'un service rendu, comme la taxe d'émission de la monnaie, les autres un impôt essentiellement progressif portant sur le capital en général, et plus particulièrement sur les droits de succession ou de donation entre vifs.

11° Les taxes à supprimer ou à désaffecter en les laissant à la disposition des communes; comme, compensation des taxes d'octroi qui seraient supprimées sans exception, paraîtraient devoir s'élever à un chiffre de 950 millions environ portant principalement sur l'impôt des boissons, la circulation sur les chemins de fer, les droits de mutation sur les immeubles, partie des droits de douanes et les impôts directs autres que les patentes.

Il serait fait face à ces suppressions ou désaffectations par :

L'impôt d'émission de la monnaie évalué à,............,.   200^m

Le surcroît des droits de succession évalué à..........   500

Un impôt progressif sur le capital.,..................   250

12° Toute réforme de ce genre, complète ou partielle, devra être précédée d'un recensement cadastral des valeurs immobilières toutes rendues nominatives, de telle sorte qu'il devienne facile de se rendre compte de la totalité de la matière imposable, et de répartir équitablement l'impôt entre les divers détenteurs de la fortune publique.